Fensterbilder sind nicht nur hübsch anzusehen, sie zaubern dem Betrachter auch gleich ein Lächeln auf die Lippen. Einzeln oder in kleine Szenerien eingebettet entstehen hübsche Bildergeschichten für Ihre Fenster, die kleine und große Papierkünstler gleichermaßen begeistern.

Im Frühjahr tauschen süße Häschen auf der saftig grünen Wiese ihre Ostergeschenke aus, im Sommer legt ein Segelschiff am Bootssteg an, im Herbst flattern niedliche Eulen vorüber und mit Anbruch der Winterzeit tummeln sich Schnee- und Weihnachtsmänner auf Ihren Scheiben. Dazwischen finden sich auch viele jahreszeitenneutrale Motive, wie z.B. eine gemütliche Teestunde oder eine lustige Elefantenparade unterm Sternenzelt.

Die Modelle sind alle aus Papier gearbeitet und liebevoll verziert. Dank der Vorlagen in Originalgröße und übersichtlichen Schritt-für-Schritt-Anleitungen sind sie im Nu nachgearbeitet und gerade fürs Basteln mit Kindern hervorragend geeignet.

Viel Spaß beim Basteln und Dekorieren!

Ihre

Anja Ritterhoff

In der Muffinbäckerei

ein leckeres Vergnügen

MOTIVHÖHE
ca. 48 cm

MATERIAL
- Fotokarton in Hellflieder, A3
- Fotokarton in Weiß, A4
- Fotokartonreste in Pink, Hell- und Dunkelrosa, Flieder, Gelb, Hell- und Dunkelorange, Hellgrün, -blau und -braun,
- Fabric Tape Spitzenbordüre in Weiß, 1,5 cm breit, 1,20 m lang
- Fineliner in Pink, Hautfarbe, Hellbraun und Schwarz
- Lackstift in Weiß
- Lochzange

VORLAGE
Bogen 2A

1 Alle Motivteile vom Vorlagenbogen abpausen, auf den Fotokarton übertragen und ausschneiden.

2 Obere Reihe: Zuerst alle weißen Muffin-Förmchen mit Bleistiftstrichen verzieren. Die Linien mithilfe eines Lineals zeichnen. Das erste Förmchen erhält einen pinken Muffin und einen hellrosa Cremedeckel mit einer fliederfarbenen Kugel. Für das zweite Förmchen die dunkelorange Creme zuerst hinter das Förmchen kleben, dahinter dann die hellorange. Nun die gelbe Mandel mit der weißen Schlagsahne oben auf dem Muffin fixieren. Für den dritten Muffin zuerst die gelbe Creme hinter das Förmchen kleben, dann die hellorange darüber und oben das pinke Herz platzieren. Die fliederfarbene Creme hinter dem vierten Muffin fixieren.

3 Mittlere Reihe: Auf das erste fliederfarbene Förmchen die weiße Schlagsahne mit der pinken Kirsche setzen. Das zweite pinke Förmchen erhält zuerst den hellbraunen Teig und dann den hellrosafarbenen. Den Klecks weiße Schlagsahne und die fliederfarbene Spitze ergänzen. Das dritte fliederfarbene Förmchen erhält die aus Dunkel- und Hellrosa zusammengesetzte Schleife, und dann nacheinander den weißen, den hellrosafarbenen und den weißen Klecks.

4 Untere Reihe: Zuerst die weißen Töpfe mit den Streifen anfertigen. Nun jeweils den hellbraunen Teig aufkleben. Der linke Muffin erhält zwei Herzen (in Flieder und Gelb) und der rechte bunte Punkte in unterschiedlichen Größen, die am einfachsten mit einer Lochzange ausgestanzt werden. Auf den großen hellorangen Topf erst den weißen Rand, dann die hellrosa Creme dahinter und dahinter wiederum einen Klecks weiße Schlagsahne kleben. Die hellblaue Kerze mit den dunkelblauen Streifen verzieren und mittig auf das Törtchen setzen. Oben den Schein mit der Flamme ergänzen. Zum Schluss das pinke Herz aufkleben.

5 Die Lichtpunkte mit einem Lackstift setzen. Alle Verzierungen mit dünnen Finelinern aufmalen.

6 Nun drei Streifen mithilfe eines Cutters in der Größe 39 cm x 3 cm zuschneiden. Unten auf die Streifen die Spitzenbordüre kleben und an den Enden umknicken. Zuletzt die Muffins auf den Streifen verteilen und fixieren.

Mein Tipp für Sie

Variante Sie können auch einen der Muffins auf eine Karte kleben und mit den Worten „Herzlichen Glückwunsch!" verzieren.

Time for Tea

dafür ist immer Zeit

MOTIVHÖHE
ca. 30 cm

MATERIAL
- Fotokarton in Hell- und Dunkelbraun, A3
- Fotokarton in Weiß, Hellrosa und -braun, A4
- Fotokarton in Creme-weiß und Dunkelorange, A5
- Fotokartonreste in Pink, Hellorange und Gelb
- Motivlocher Blume, ø 2 cm
- Knöpfe in Rosa, ø 1,5 cm
- Lackstift in Weiß
- Filzstifte in Pink, Grau, Orange und Schwarz
- Bürolocher (alternativ Lochzange)

VORLAGE
Bogen 4B

1 Alle Motivteile vom Vorlagenbogen abpausen, auf den Fotokarton übertragen und ausschneiden.

2 Einen hellbraunen Streifen in der Länge von 70 cm x 1 cm anfertigen. Dann einen zweiten Streifen in Dunkelbraun in der Länge 70 cm x 3 cm zuschneiden. Den hellbraunen Steifen auf den dunkelbraunen Streifen kleben.

3 Nun die Schilder zuschneiden. Das weiße Schild auf das hellbraune kleben. Dann die hellbraunen Streifen als Aufhängung rechts und links anbringen. Auf die Kante die Knöpfe kleben. Die Aufhängung mittig auf den dunkelbraunen Streifen setzen. Das Schild beschriften und eine gelbe Blume mit dem Motivlocher ausstanzen, einen hellorangen Punkt für die Mitte ergänzen und damit das Schild dekorieren.

4 Alle Tassen mit Filzstiften bemalen und auf dem dunkelbraunen Streifen fixieren. Die hellbraunen Aufhängepunkte ausschneiden und dazu kleben.

5 Beiden Kaffeekannen die Deckel und die Henkel von hinten ankleben. Die Deckel mit den Griffen schmücken. Die hellrosa Kanne mit einem pinken Streifen verzieren und weiße Punkte mit einem Lackstift aufmalen. Der cremefarbenen Kanne den weißen Ausgießer ankleben und mit ausgestanzten hellorangen Blümchen und weißen Punkten dekorieren. Die dunkelorange Teekanne erhält einen weißen Streifen mit Wellenmuster.

6 Für das Törtchen die hellrosa Creme hinter die weiße Muffinform kleben. Dahinter die dunkelorange Kerze mit der gelben Flamme platzieren und die pinke Kirsche davor fixieren.

7 Zuletzt die noch fehlenden Verzierungen mit Lack- und Filzstiften aufmalen und alle Motivteile nebeneinander auf den hellbraunen Steifen kleben.

Vogelgezwitscher

Willkommen zurück, kleine Piepmätze!

MOTIVHÖHE
ca. 42 cm

MATERIAL
- Fotokarton in Silber, A3
- Fotokartonreste in Lila, Rosa, Flieder, Hell- und Dunkelorange, Gelb, Weiß, Blau, Hell- und Dunkelgrün
- Filzstifte in Orange, Rot, Schwarz, Hellgrün und -blau
- Lackstift in Weiß
- 10 Halbperlen in Schwarz, ø 3 mm
- 7 Papierblüten, ø 1,5–2,5 cm
- gefrostete Acryl-Halbperlen, ø 5 mm, je 2x in Gelb und Pink und je 1x in Rosa, Grün und Blau
- 2 Handfegerborsten

VORLAGE
Bogen 1A

1 Alle Motivteile vom Vorlagenbogen abpausen, auf den Fotokarton übertragen und ausschneiden. Die drei silbernen Äste anfertigen. Die Blätter an die Äste kleben.

2 Obere Reihe: Der lilafarbene Vogel erhält seinen blauen Flügel, einen gelben Schnabel und einen gelben Bauch mit dunkelorangen Streifen. Den Marienkäfer zusammensetzen und die Fühler aus Handfegerborsten von hinten anbringen. Das Gesicht aufmalen. Der gelbe Vogel wird am Schwanz mit blauen Streifen und lila Punkten verziert und erhält Flügel und Schnabel in Hellorange. Der hellorange Vogel bekommt einen gelben Bauch mit lila Streifen und einen blauen Kopf. Auch den rosa Flügel, den gelben Schnabel und die Krallen platzieren. Jetzt die fertigen Vögel auf den Ast kleben. Den fliegenden dunkelorangen Vogel zusammensetzen. Zuletzt die Augen anbringen.

3 Mittlere Reihe: Dem gelben Vogel den dunkelorangen Bauch und den blauen Flügel aufkleben. Gelbe Krallen und fliederfarbenen Schnabel ergänzen. Der fliederfarbene Vogel bekommt einen lila Schwanz mit blauen Tropfen, einen gelben Flügel und einen dunkelorangen Schnabel. Dem blauen Vogel den gelben Bauch und die Krallen, den fliederfarbenen Flügel und den dunkelorangen Schnabel ankleben. Bei dem fliederfarbenen Vogel den gelben Schnabel von hinten befestigen. Den lila Flügel platzieren und dann den Schwanz aus einer blauen und zwei gelben Federn zusammensetzen. Die gelben Krallen hinzufügen. Alle vier Vögel auf den Ast kleben und die Augen anbringen.

4 Untere Reihe: Dem schlafenden dunkelorangen Vogel eine blaue Schwanzfeder, einen fliederfarbenen Flügel und einen gelben Schnabel aufkleben. Die Augen aufmalen. Dem gelben Vogel einen blauen Flügel, einen lila Schwanz und einen hellorangen Schnabel aufkleben. Das Auge platzieren. Der fliederfarbene Vogel erhält einen orangen Flügel mit lila Streifen und einen blauen Schwanz. Den gelben Schnabel von hinten anbringen und zum Schluss das Auge ergänzen.

5 Die übrigen Verzierungen mit Filzstiften aufmalen. Nun die Blüten zwischen die Vögel setzen und diese mit Acryl-Halbperlen verzieren.

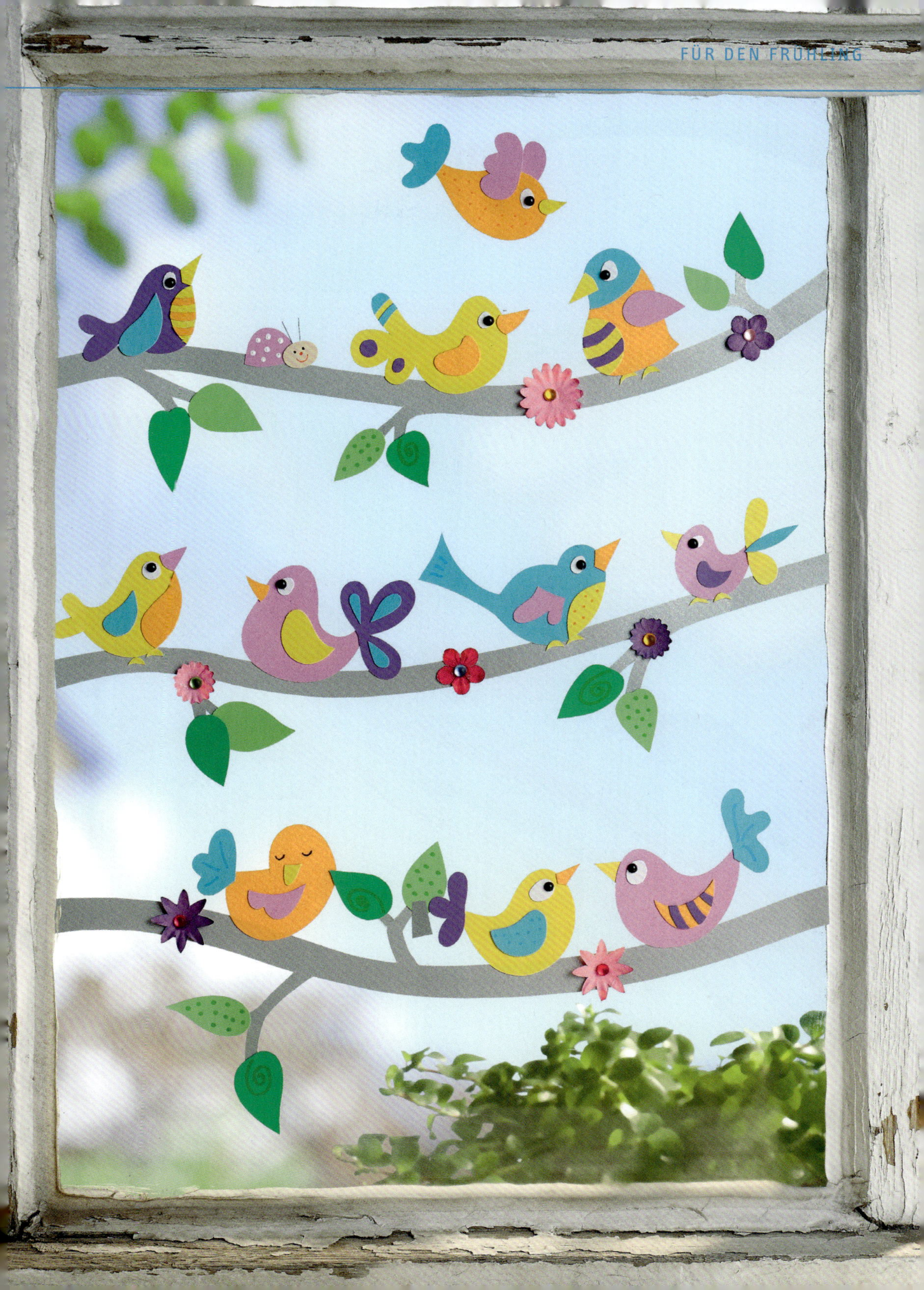

Ostergeschenke

von Hase zu Hase

MOTIVHÖHE
ca. 30 cm

MATERIAL
- Fotokarton in Hellgrün, A3
- Fotokarton in Weiß und Hellbraun, A5
- Fotokartonreste in Gelb, Rosa, Pink, Rot, Grün, Hellblau, Flieder, Lila, Schwarz, Hell- und Dunkelorange
- Draht in Schwarz, 30 cm lang, ø 1 mm
- Satinband in Hellgrün, 4 mm breit, 20 cm lang
- Satinband in Pink, 4 mm breit, 10 cm lang
- Perle in Weiß, ø 8 mm
- Bürolocher (alternativ Lochzange)
- Fineliner in Orange, Pink, Hellblau, Grau und Schwarz
- Motivlocher Blume, ø 2 cm
- Heißkleber
- 2 Handfegerborsten

VORLAGE
Bogen 1B

1 Alle Motivteile vom Vorlagenbogen abpausen, auf den Fotokarton übertragen und ausschneiden.

2 Die Blumen basteln. Dafür den Draht zurechtschneiden: Die große Tulpe und die weiße Blume erhalten je einen zehn

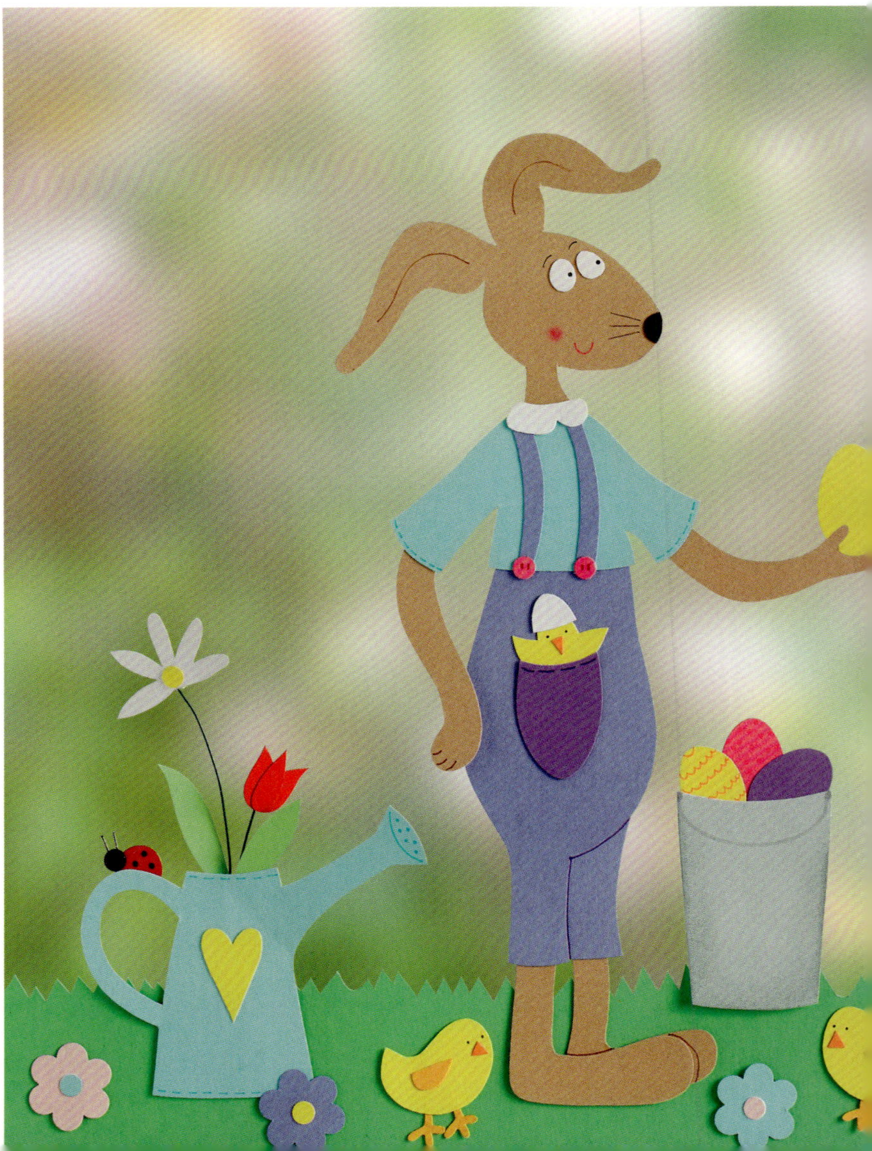

Zentimeter langen Draht, die kleine Tulpe und die pinke Blume je einen fünf Zentimeter langen. Die Blätter und Blüten mit Heißkleber auf den Drähten der Blumen fixieren. Auf den noch heißen Heißkleberpunkt von hinten einen kleinen Schnipsel Fotokarton zur Befestigung gegenkleben.

3 Nun den Hasenjungen gestalten. Den Hals, die Arme und die Hose hinter den hellblauen Pullover kleben. Dann die lila Hosenträger auf den Pulli setzen, die pinken Knöpfe und den weißen Kragen ergänzen. Dem Küken die Schale auf den Kopf kleben, es hinter der Tasche fixieren und zusammen auf der Hose befestigen. Die Beine hinter die Hose, das Ei in die Hand kleben.

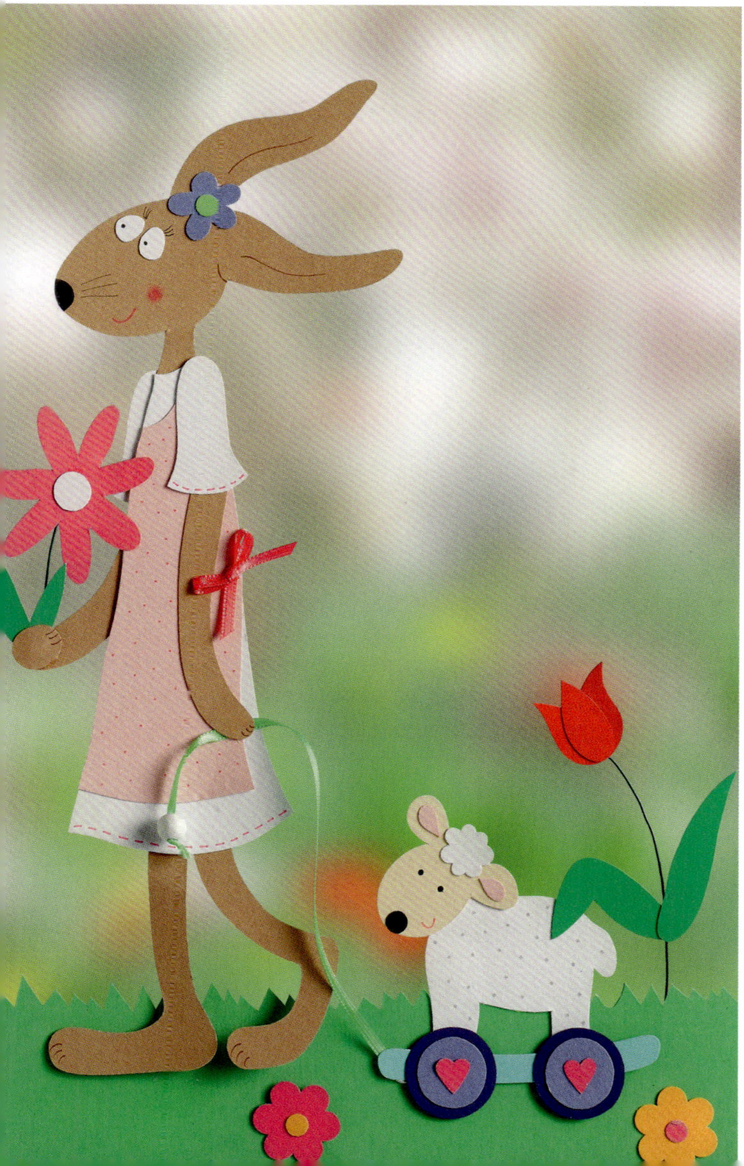

4 Für das Hasenmädchen die Beine und den Hals hinter dem weißen Kleid anbringen. Die rosa Schürze ergänzen. Beide Arme hinter den Ärmeln fixieren und einen Arm auf das Kleid kleben; den anderen dahinter platzieren. Die Blume auf die Hand kleben und die Pfote darüber fixieren.

5 Beiden Hasen das Gesicht gestalten. Dafür die Augen nebeneinander und die Nase in Schwarz aufkleben. Die Wange mit Buntstiftabrieb färben (siehe hintere Umschlagklappe), den Mund mit pinkem Fineliner und die Barthaare mit Bleistift einzeichnen. Wimpern und Augen mit einem feinen schwarzen, die Linien in den Ohren mit einem hellbraunen Fineliner aufmalen.

6 Eine Wiese in der Länge von 52 cm x 5 cm anfertigen und die Hasen darauf setzen. Die ausgestanzten Blumen mit verschiedenfarbigen ausgelochten Punkten verzieren. Die Küken, die Gießkanne und den Eimer mit den Eiern dazu arrangieren. Dem Schäfchen den Kopf aufkleben und es auf den hellblauen Streifen setzen; die Räder hinzufügen. Abschließend noch das Gesicht gestalten. An einem Satinband die weiße Kugel anknoten, dieses Ende dem Hasenmädchen in die Pfote kleben, das andere Ende am Wagen des Schäfchens fixieren. Aus dem pinken Satinband eine Schleife binden und hinten auf die Schürze setzen. Die zwei Handfegerborsten hinter den gelochten Marienkäferkopf als Fühler kleben.

7 Abschließend die noch fehlenden Verzierungen einzeichnen.

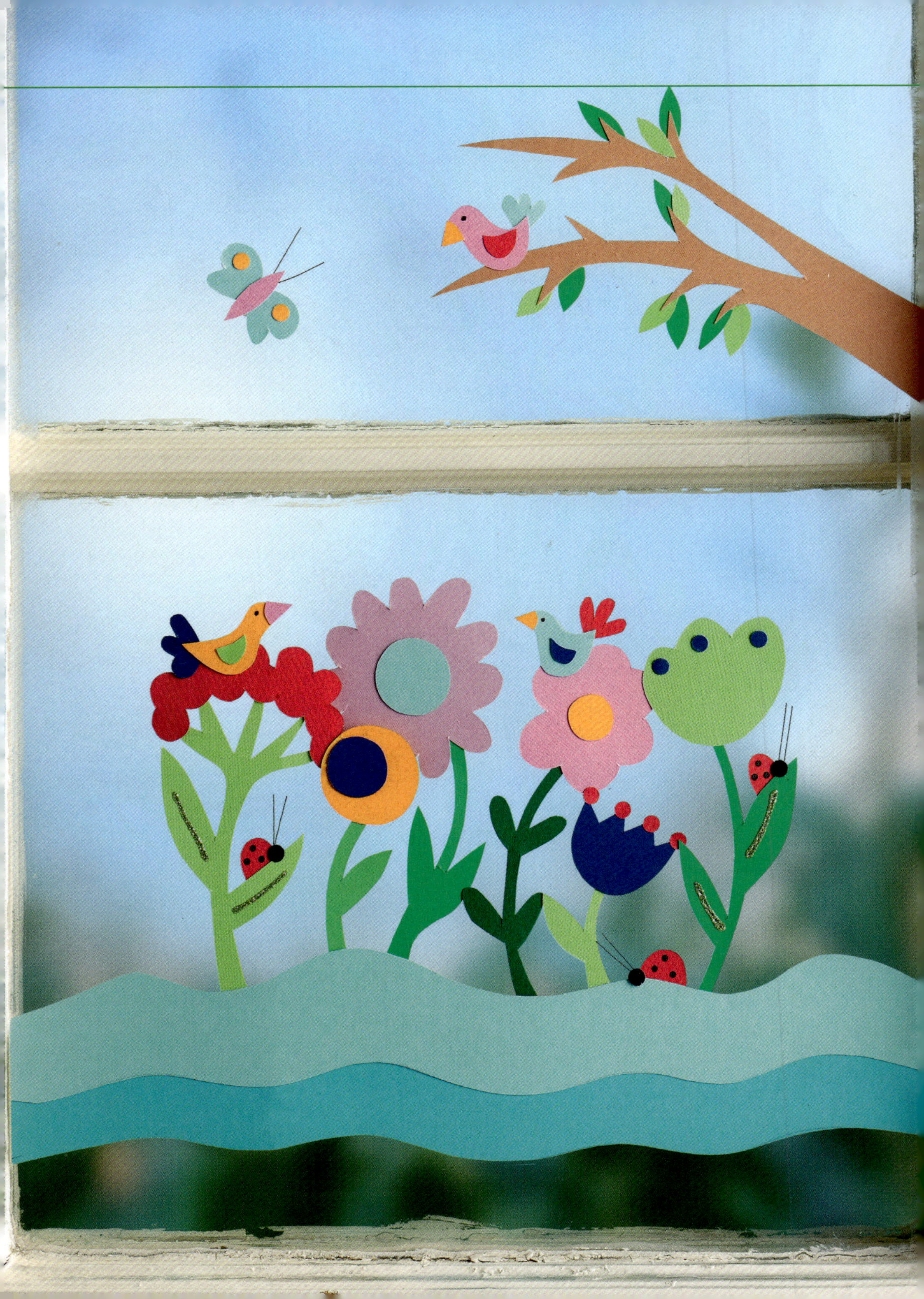

Blumenwiese

der Frühling erwacht

MOTIVHÖHE
ca. 20 cm

MATERIAL
- Fotokarton in Hellbraun, Hell- und Mittelblau, A4
- Fotokartonreste in Orange, Rot, Flieder, Lila, Pink, Dunkelblau, Schwarz, Blaugrün, Hell-, Mittel- und Dunkelgrün
- 8 Handfegerborsten
- Fineliner in Schwarz
- UHU Glitter Glue in Gold
- Bürolocher (alternativ Lochzange)

VORLAGE
Bogen 3A

1 Alle Motivteile vom Vorlagenbogen abpausen, auf den Fotokarton übertragen und ausschneiden.

2 Den hellblauen Streifen auf den mittelblauen Streifen kleben. Nun mithilfe der Vorlage die Blumenstängel nacheinander hinter dem Streifen festkleben.

3 Die Blumenkelche von links nach rechts arbeiten. Zuerst die pinke, dann die fliederfarbene, nun die orange Blume darüber anbringen und mit dem dunkel- bzw. hellblauen Kreis die Blüten ergänzen. Die rosafarbene Blume mit dem orangen Kreis bekleben, die grüne mit den dunkelblauen Punkten daran angelehnt fixieren und unten die dunkelblaue Blume mit den pinken Punkten platzieren.

4 Die Marienkäfer hinter den Stängeln und dem Streifen befestigen, die Köpfe auslochen und aufkleben, die schwarzen Punkte aufmalen und die Handfegerborsten als Fühler von hinten ankleben. Den Schmetterling fertigen und auf die gleiche Weise mit Fühlern ausstatten.

5 Die Blätter auf dem Ast verteilen und ankleben. Den drei Vögeln die Schwanzfedern von hinten befestigen und die Flügel sowie die Schnäbel auf die Körper kleben. Dann die Vögel gemäß Vorlage auf die Blumen und auf den Ast setzen. Die Blätter abschließend mit UHU Glitter Glue verzieren. Gut trocknen lassen.

Mein Tipp für Sie

Variante Wenn Sie nur den unteren Teil des Fensterbildes auf einen weißen Karton kleben und zusätzlich noch auf den hellblauen Streifen einen schönen Spruch schreiben, wie z. B. „Der Frühling ist da!“, haben Sie ein wunderbares Türschild.

Schneckenparade

Immer mit der Ruhe ...

MOTIVHÖHE
ca. 24 cm

MATERIAL
- Fotokarton in Weiß und Dunkelgrün, A3
- Fotokarton in Hellgrün, A5
- Fotokartonreste in Weiß, Gelb, Hell- und Dunkelorange, Flieder, Cremerosa, Lila, Hell- und Dunkelgrün
- UHU Glitter Glue in Pink
- Papierdraht in Hellgrün, 50 cm lang
- Draht in Grau, ø 1 mm, 12 cm lang
- 4 Handfegerborsten
- Fabric Tape Spitzenbordüre in Weiß, 50 cm lang
- Buntstift in Orange
- Motivlocher Blume, ø 4 cm
- Bürolocher (alternativ Lochzange)
- Fineliner in Hell- und Dunkelgrün

VORLAGE
Bogen 3A

1 Alle Motivteile vom Vorlagenbogen abpausen, auf den Fotokarton übertragen und ausschneiden. Einen Streifen in 50 cm x 3 cm aus dunkelgrünem sowie einen Streifen in 50 cm x 4 cm aus weißem Fotokarton zuschneiden.

2 Auf den linken Schneckenkörper wird zuerst der pinke, dann der lilafarbene Streifen aufgeklebt, dann erhalten alle Schnecken ihr Häuschen.

3 Die Häuschen werden mit ausgestanzten Punkten und mit UHU Glitter Glue verziert. Den Draht für die Fühler zurechtschneiden und hinter die Köpfe kleben. Die beiden kleinen Schnecken bekommen Handfegerborsten als Fühler.

4 Die Augen aufkleben, die Wangen mit Buntstiftabrieb färben und die Münder aufzeichnen. Den Draht für die Blumen zurechtschneiden und die Blüten oben darauf kleben. Die Blätter um die Stängel fixieren.

5 Mit dem Motivlocher eine Blume auslochen und mittig auf dem weißen Streifen befestigen. Darunter den grünen Streifen ankleben und das Fabric Tape anbringen. Zum Schluss alle Schnecken darauf platzieren.

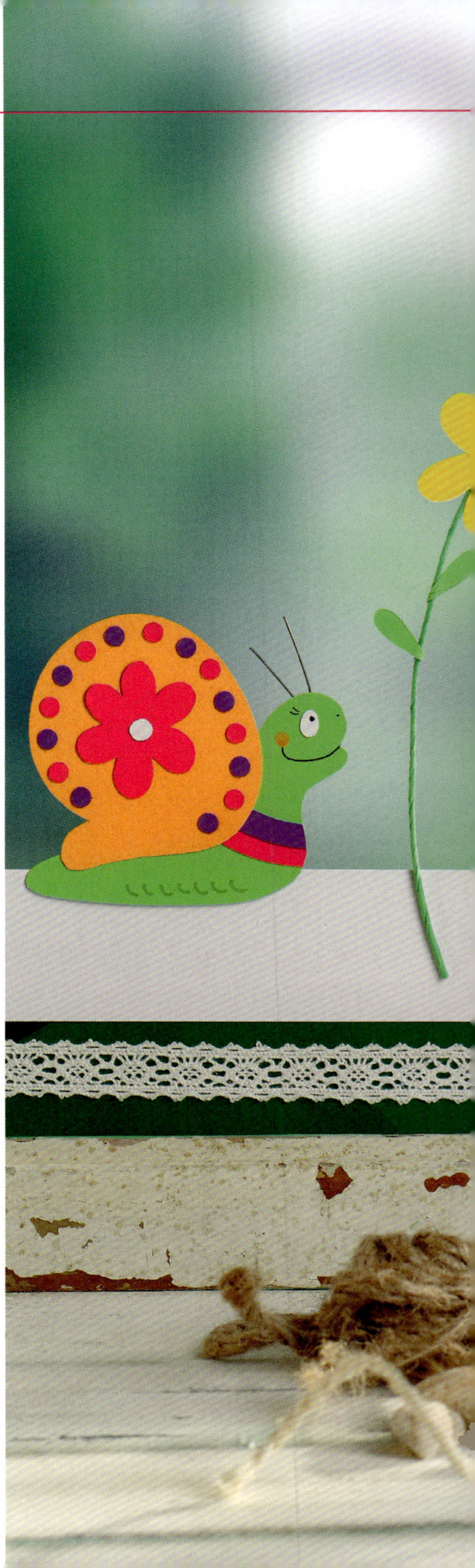

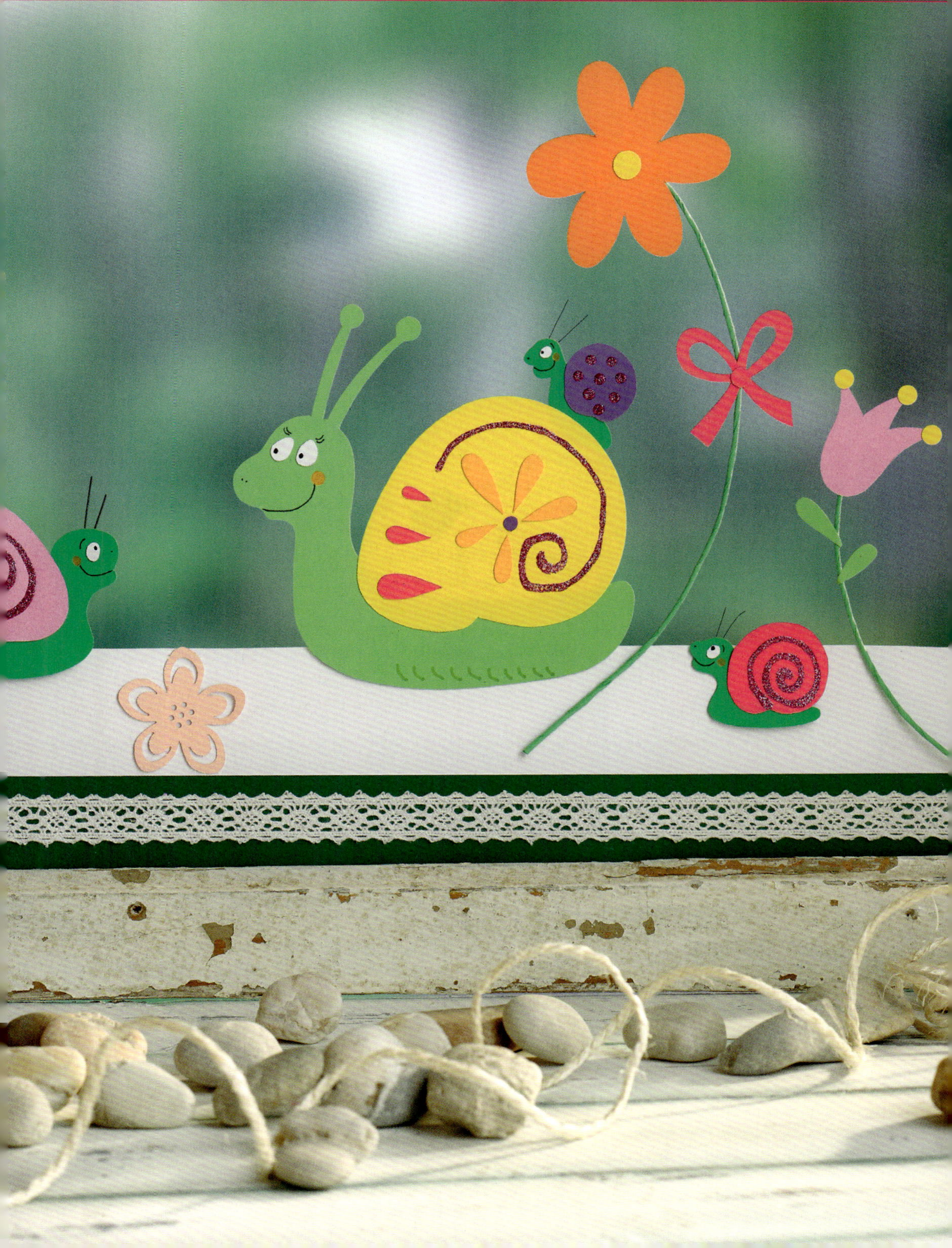

Gartenglück

für große und kleine Gärtner

MOTIVHÖHE
ca. 70 cm

MATERIAL

- Fotokarton in Dunkelgrau, A3
- Fotokarton in Hell-, Mittel- und Dunkelgrün, A4
- Fotokarton in Hellbraun und Rot, A5
- Fotokartonreste in Gelb, Hell- und Dunkelorange, Pink, Rosa, Hell-, Mittel- und Dunkelbraun, Lila, Flieder, Silber, Mittelblau, Hell- und Dunkelgrau
- Fineliner in Hellgrün, Hellblau, Pink und Lila
- Lochzange

VORLAGE
Bogen 4A

1 Alle Motivteile vom Vorlagenbogen abpausen, auf den Fotokarton übertragen und ausschneiden. Drei dunkelgraue Streifen in der Größe 50 cm x 1 cm mit Lineal und Cutter zuschneiden.

2 Obere Reihe: Den Eimer mit dem weißen Rand hinterkleben. Den grauen Streifen auf den Eimer setzen. Den Henkel rechts und links oben dahinter kleben und mittig den hellbraunen Griff fixieren. Die kleine Schaufel zusammensetzen und unten rechts am Eimer befestigen. Auf den hellorangen Blumentopf den dunkelorangen Rand kleben und dann das Grün oben dahinter fixieren. Das Grün mit Blumen schmücken. Das kleine rosa Herz auf das große pinke Herz kleben. Den dunkelbraunen Vogel mit dem hellbraunen Bauch verzieren, dann den mittelbraunen Flügel sowie den Schnabel und Füße in Gelb ergänzen. Auf das hellblaue Vogelhaus den hellorangen und den dunkelbrauen Streifen kleben. Oben das pinke Dach fixieren. Die Punkte, das Blatt und das Herz befestigen. Unten die lila Schleife platzieren.

3 Mittlere Reihe: Den Schriftzug abwechselnd aus hell- und dunkelgrünem Fotokarton gestalten. Die pinken Punkte über dem „u“ platzieren.

4 Untere Reihe: In den mittelblauen Blumenkübel die Pflanzen setzen. Mit einem Cutter die Öffnung der Gießkanne heraustrennen und mit schwarzem Fotokarton hinterkleben. Die Gießvorrichtung befestigen. Den Frosch bemalen und den lila Rand auf den fliederfarbenen Topf kleben. Die Äste dahinter fixieren und das Grün ergänzen. Die Schaufel und den Besen zusammensetzen. Für den Rasenmäher den silbernen Streifen auf den unteren Rand kleben. Dann das Schneidewerk dahinter fixieren. Die schwarzen Räder an beiden Seiten ergänzen. In der Mitte den Steg mit den schwarzen Schrauben aufkleben.

5 Zuletzt die noch fehlenden Verzierungen aufmalen

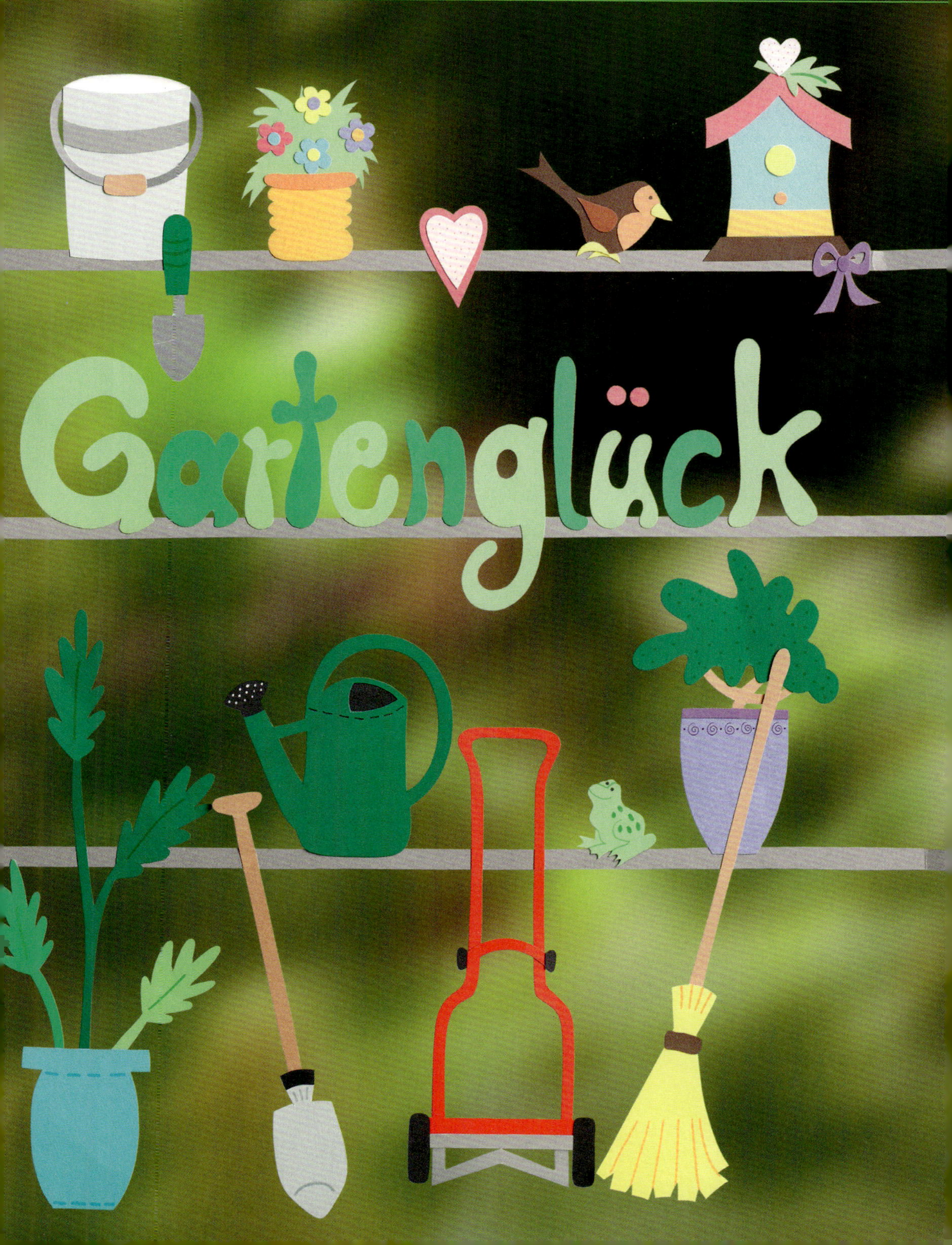
Gartenglück

Ahoi, Sommerzeit!

frischer Wind fürs Küchenfenster

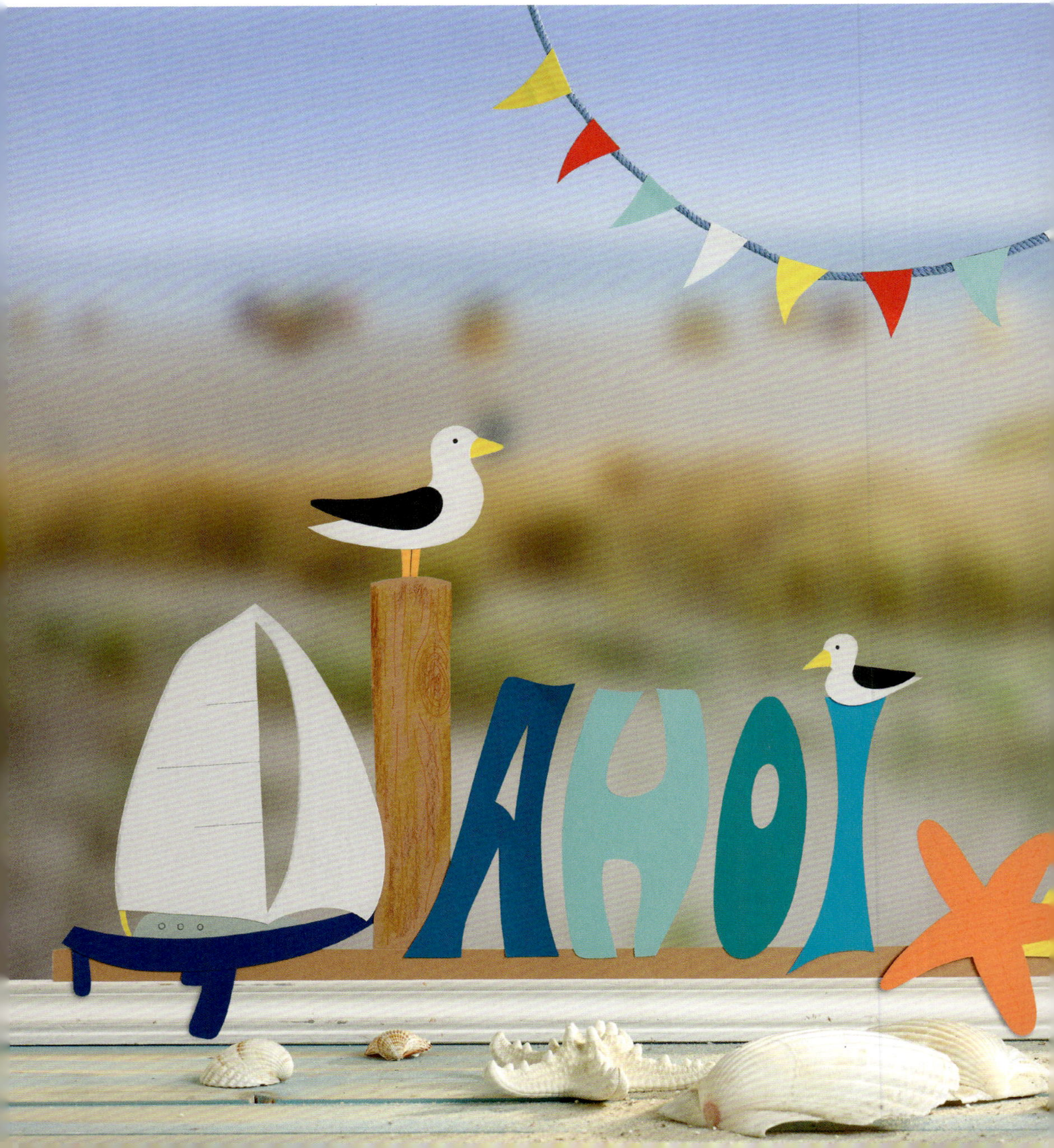

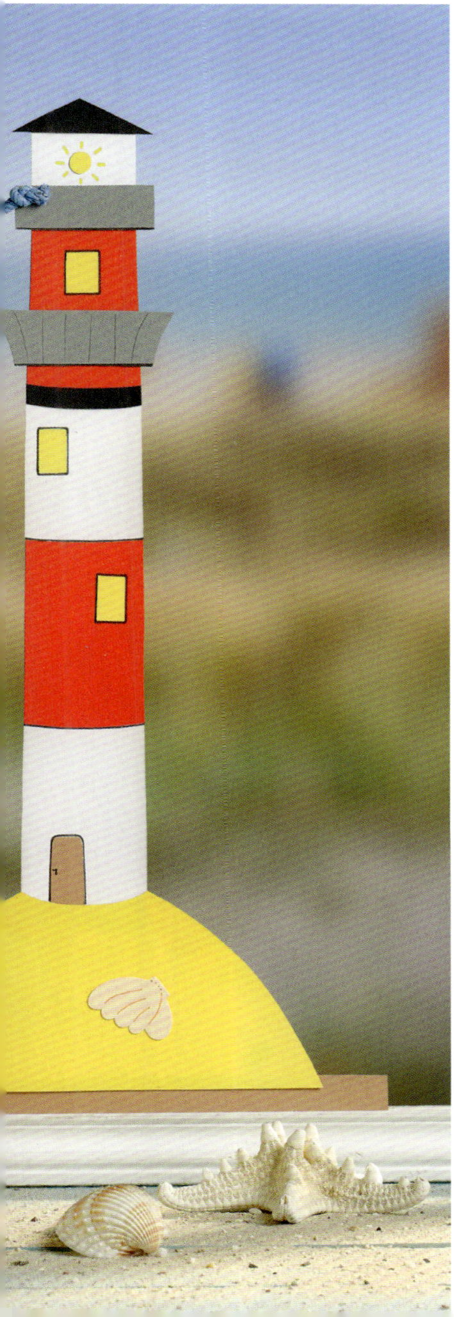

MOTIVHÖHE
ca. 41 cm

MATERIAL
- Fotokarton in Hellbraun, A3
- Fotokarton in Weiß, A3
- Fotokarton in Gelb, A5
- Fotokartonreste in Orange, Cremeweiß, Rot, Hellbraun, Grau, Schwarz, Türkis, Hell-, Mittel- und Dunkelblau
- Kordel in Hellblau, ø 5 mm, 50 cm lang
- Buntstift in Hellbraun
- Filzstifte in Hellbraun, Gelb, Grau und Schwarz

VORLAGE
Bogen 4A

1 Alle Motivteile vom Vorlagenbogen abpausen, auf den Fotokarton übertragen und ausschneiden. Mit einem Lineal den hellbrauen Streifen in der Größe von 70 cm x 1,5 cm aufzeichnen und mithilfe eines Cutters zuschneiden.

2 Für das Segelschiff die Ruder unter das Schiff und die Kabine oben hinter den Rumpf kleben. Die Segel mit Bleistift kaschieren und die Linien aufmalen. Dann auf die Kabine setzen und hinten das gelbe Tau anbringen. Den Schriftzug „AHOI" in verschiedenen Blautönen ausschneiden.

3 Den Pfahl mit hellbraunem Bunt- und Filzstift bemalen. Den Möwen die Schnäbel und die Flügel aufkleben, je ein Auge aufmalen und bei der großen Möwe noch die Beine ergänzen. Die große Möwe hinter den Pfahl, die kleine auf das „I" setzen.

4 Auf den weißen Leuchtturm die roten Abschnitte kleben. Den schwarzen Rand, das Dach und die grauen Balkone ergänzen. Die gelben Fenster und die braune Tür wie abgebildet aufkleben. Den Leuchtturm hinter dem Sandhügel befestigen und die Muschel fixieren. Linien aufzeichnen.

5 Den Seestern bemalen und mit den anderen Elementen auf dem hellbraunen Streifen arrangieren und festkleben. Auf die Kordel die kleinen Fahnen setzen und am Leuchtturm befestigen. Abschließend die noch fehlenden Verzierungen aufmalen.

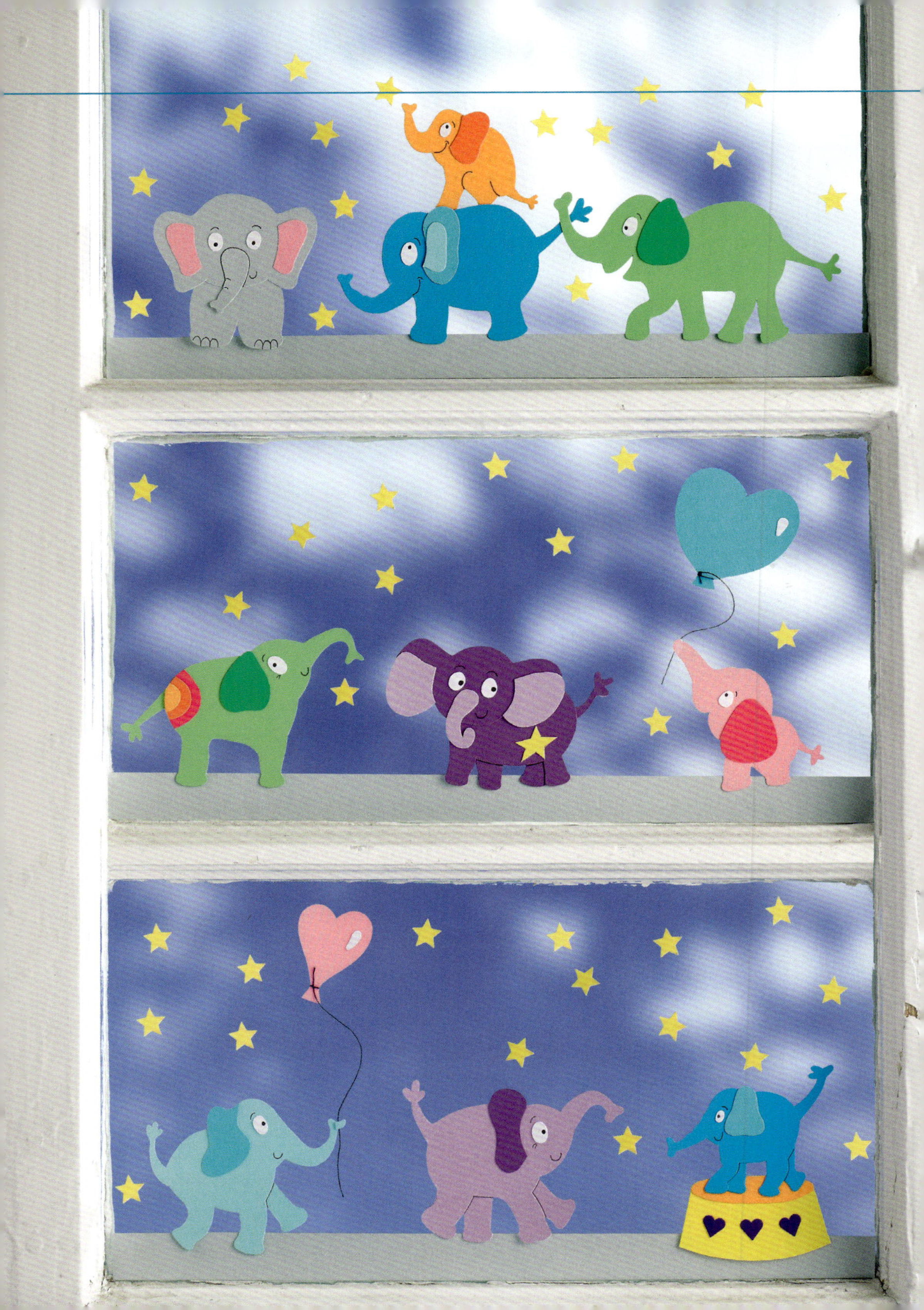

Die Elefanten sind los

wie im Zirkus

MOTIVHÖHE
ca. 50 cm

MATERIAL
- Fotokarton in Grau, A3
- Fotokartonreste in Weiß, Gelb, Hell- und Dunkelorange, Rosa, Pink, Hell- und Dunkelgrün, Flieder, Lila, Türkis, Hell- und Mittelblau
- Filzstift in Schwarz
- Faden in Schwarz, 40 cm lang
- Motivlocher Stern

VORLAGE
Bogen 1B

1 Alle Motivteile vom Vorlagenbogen abpausen, auf den Fotokarton übertragen und ausschneiden.

2 Oberste Reihe: Dem grauen Elefanten den Kopf auf den Körper sowie den Rüssel aufkleben. Dann allen Elefanten die Ohren anbringen. Dabei erhält der blaue Elefant noch ein hellblaues Innenohr. Den orangen Elefanten auf den türkisen Elefanten kleben und hinten den hellgrünen Elefanten platzieren.

3 Mittlere Reihe: Dem hellgrünen Elefanten seine Streifen, zuerst den pinken, dann den orangen und zuletzt den hellorangen, aufkleben. Jetzt das Ohr fixieren. Dem lilafarbenen Elefanten den Kopf aufkleben, Rüssel und Ohren ergänzen und einen kleinen Stern auf dem Bauch befestigen. Beim rosafarbenen Elefanten das Ohr ergänzen.

Mein Tipp für Sie

Variante Die Elefanten können auch in einer Reihe alle nacheinander auf das Fenster geklebt werden. Dann haben Sie eine kleine Elefantenparade.

4 Untere Reihe: Allen Elefanten die Ohren ankleben. Auf dem gelben Podest die hellorange Plattform sowie die drei lila Herzen fixieren, dann den türkisen Elefanten auf das Podest kleben. Der rosa Elefant und der hellblaue Elefant erhalten jeweils einen Luftballon. Die Herzen mit Lichtpunkten ausstatten und unten einen 20 cm langen Faden anknoten. Den unteren Faden auf die Rüsselspitze kleben und den Rüssel darüber fixieren.

5 Allen Elefanten die Augen aufkleben. In jedes Auge einen schwarzen Punkt als Pupille malen. Münder und Linien einzeichnen.

6 Drei Streifen aus grauem Fotokarton in der Größe 35 cm x 2 cm anfertigen. Dann die Elefanten nach der Abbildung darauf platzieren. Die Sterne ausstanzen und ringsherum verteilen.

Niedliches Katzenknäuel

wolliges Durcheinander

MOTIVHÖHE
ca. 40 cm

MATERIAL
- Fotokarton in Grau, A3
- Fotokartonreste in Weiß, Gelb, Rosa, Hellorange, Flieder, Lila, Grün, Hellblau
- Wolle in Hellblau, Rosa, Gelb und Orange, Länge nach Wunsch
- 2 Handfegerborsten
- Fineliner in Schwarz

VORLAGE
Bogen 2A

1 Alle Motivteile vom Vorlagenbogen abpausen, auf den Fotokarton übertragen und ausschneiden. Das Fensterkreuz in Grau arbeiten und die Linien mit Hilfe von Lineal und Cutter ausschneiden.

2 Die lila Katze mit den Hinterpfoten hinter den Rahmen kleben; bei der grünen Katze nur die hintere Pfote. Eine Vordertatze auf den seitlichen Rahmen legen, aber noch nicht festkleben. Die hellblaue Katze mit den Hinterpfoten und dem Schwanz auf den Fensterrahmen setzen. Die rosa Katze mit einer Pfote hinter und mit dem Schwanz auf dem Rahmen fixieren. Die gelbe Katze mit dem Rücken auf den Rahmen kleben. Den Kopf der orangen Katze auf den Körper und diesen hinter dem Rahmen befestigen. Davor die Pfoten platzieren.

Mein Tipp für Sie

Variante Sie können Ihre Katzen natürlich auch hübsch nebeneinander platzieren.

3 Nun alle Gesichter gestalten. Dafür die Nasen und die Augen aufkleben. Mit einem schwarzen Fineliner die Münder, Schnurrhaare, Wimpern und Ohren einzeichnen. Die jeweiligen Wollfäden zu einem kleinen Knäuel zusammenwickeln, mit Klebstoff fixieren, dabei jedoch etwas Faden lassen und diesen wie abgebildet an den Katzen und am grauen Fensterrahmen befestigen. Den blauen Faden hinter die Pfoten der rosa und grünen Katze laufen lassen und hier fixieren. Die orange und gelbe Wolle am Ende zusammenknoten und festkleben.

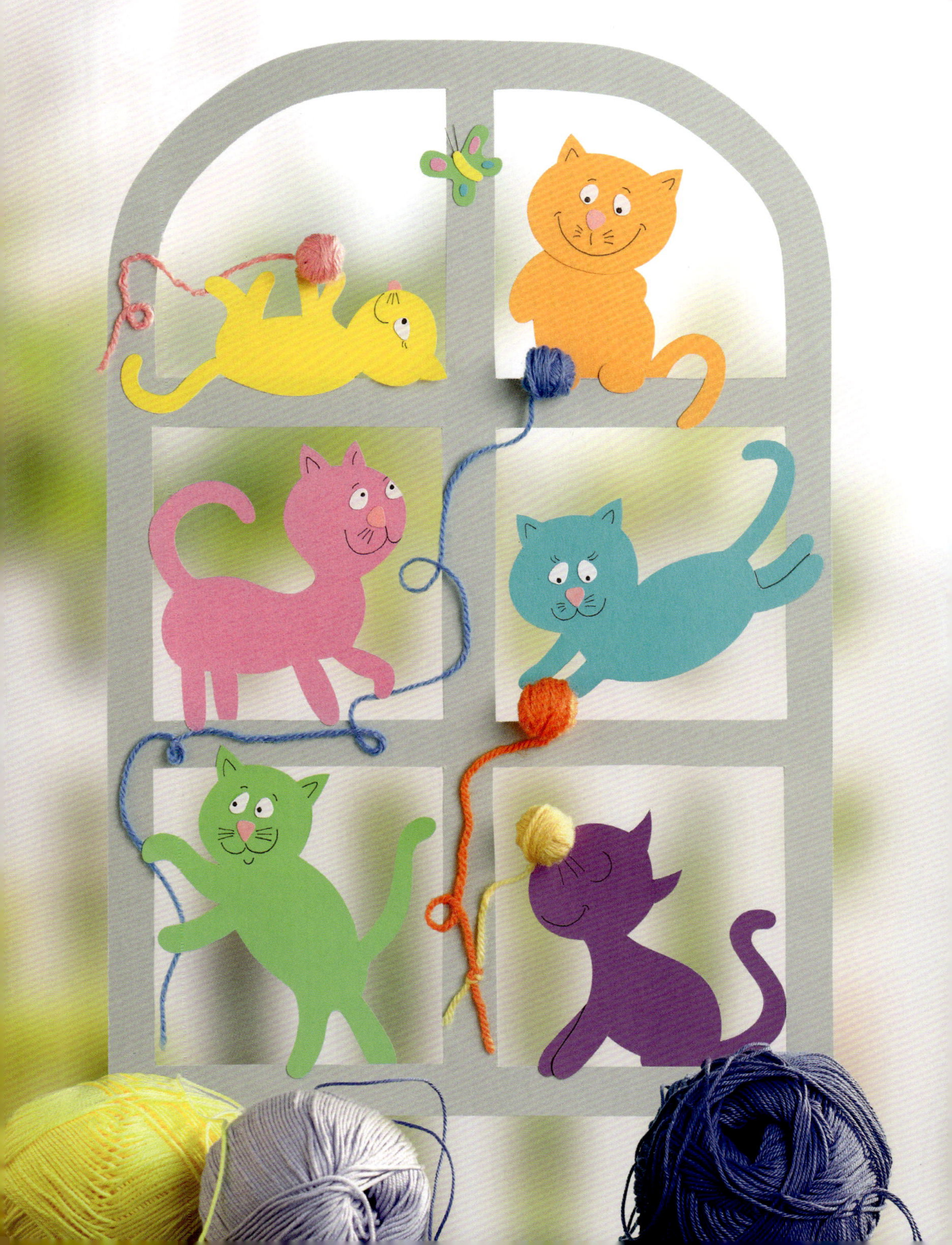

Fröhliches Hundequartett

Wau, Wau, hier ist was los!

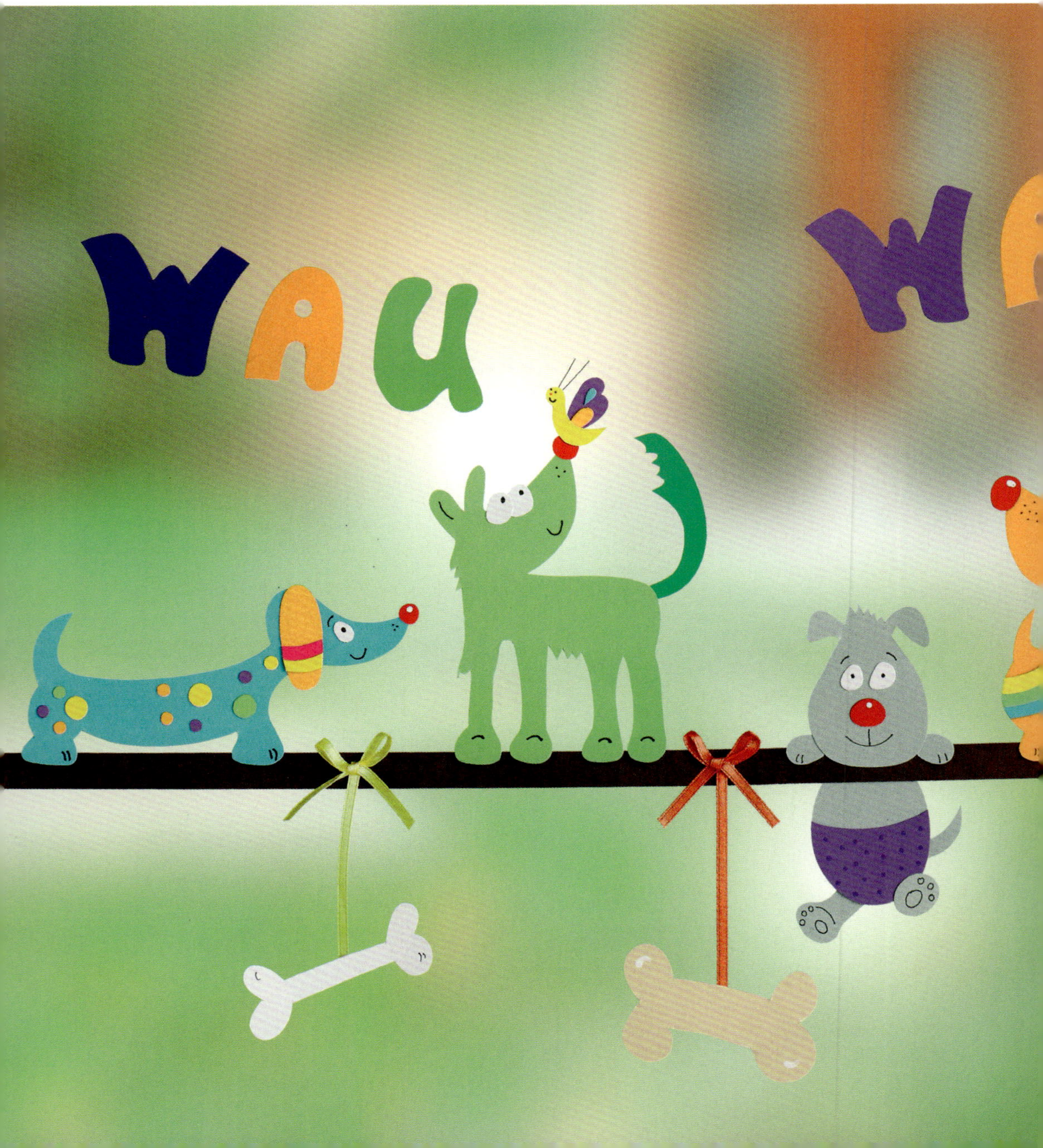

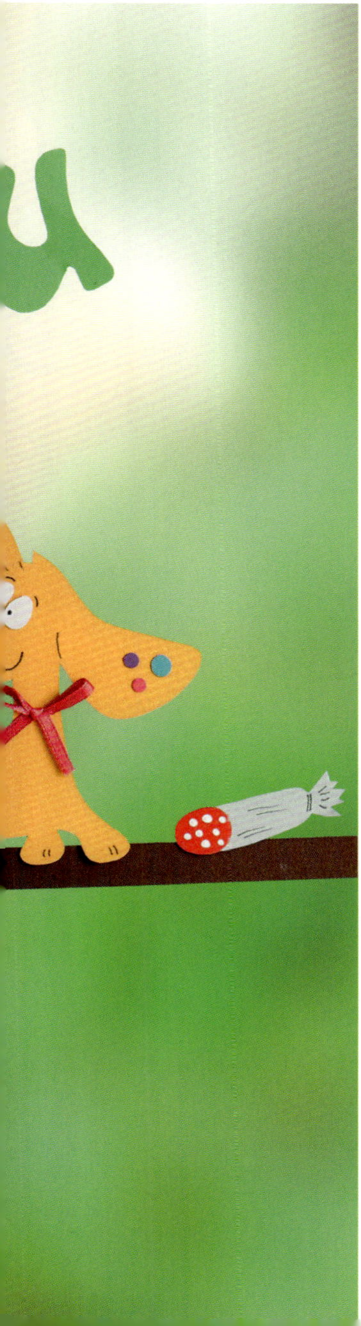

MOTIVHÖHE
ca. 27 cm

MATERIAL
- Fotokarton in Dunkelbraun, A3
- Fotokartonreste in Weiß, Gelb, Creme, Orange, Pink, Rot, Hell- und Dunkelgrün, Mittelblau, Grau und Helllila
- Satinband in Pink, Gelb und Orange, 3 mm breit, je 20 cm lang
- 2 Handfegerborsten
- Lackstift in Weiß
- Fineliner in Rot, Schwarz und Lila

VORLAGE
Bogen 3A

1 Alle Motivteile vom Vorlagenbogen abpausen, auf den Fotokarton übertragen und ausschneiden. Einen Streifen von 50 cm x 1 cm aus dunkelbraunem Fotokarton zuschneiden.

2 Mit dem mittelblauen Hund beginnen. Den pinken Streifen auf das dunkelorange Ohr und den gelben Streifen darüber kleben, dann das Ohr auf dem Hundekopf fixieren. Die rote Nase aufkleben und den Körper mit bunten Punkten in unterschiedlichen Größen verzieren.

3 Dem hellgrünen Hund den dunkelgrünen Schwanz und die rote Nase ankleben. Auf dem Flügel des Schmetterlings die beiden Punkte anbringen, dann die Flügel hinter den Körper kleben. Zwei Handfegerborsten als Fühler hinter dem Kopf befestigen und den fertigen Schmetterling dem Hund auf die Nase setzen.

4 Auf den grauen Hundekopf die rote Nase kleben und beide Pfoten rechts und links hinter dem Kopf fixieren. Die helllila Hose auf den Körper kleben. Das Bein dahinter und die Pfote vorne auf der Hose platzieren.

5 Dem orangen Hund die Streifen aufs Hinterteil kleben: Erst den mittelblauen, dann den grünen und zuletzt den gelben Streifen. Die bunten Punkte aufs Ohr setzen und die rote Nase befestigen.

6 Allen Hunden die Augen aufkleben, die Augenbrauen, Münder und die restlichen Verzierungen einzeichnen. Lichtpunkte mit weißem Lackstift aufmalen. Dann die Tiere nebeneinander auf den braunen Streifen setzen. Dabei den grauen Hundekopf auf den Streifen und den Körper hinter den Streifen kleben. Die Salami zusammensetzen, bemalen und auf dem Streifen befestigen.

7 Drei kleine Schleifen aus dem Satinband binden. Die pinke Schleife auf den orangefarbenen Hundehals kleben. Je ein Stück gelbes und oranges Satinband, ca. 7 cm lang, an dem Streifen befestigen und unten je einen Knochen fixieren. Die Schleifen aufsetzen.

8 Zweimal den Schriftzug „WAU" ausschneiden und über dem Motiv platzieren.

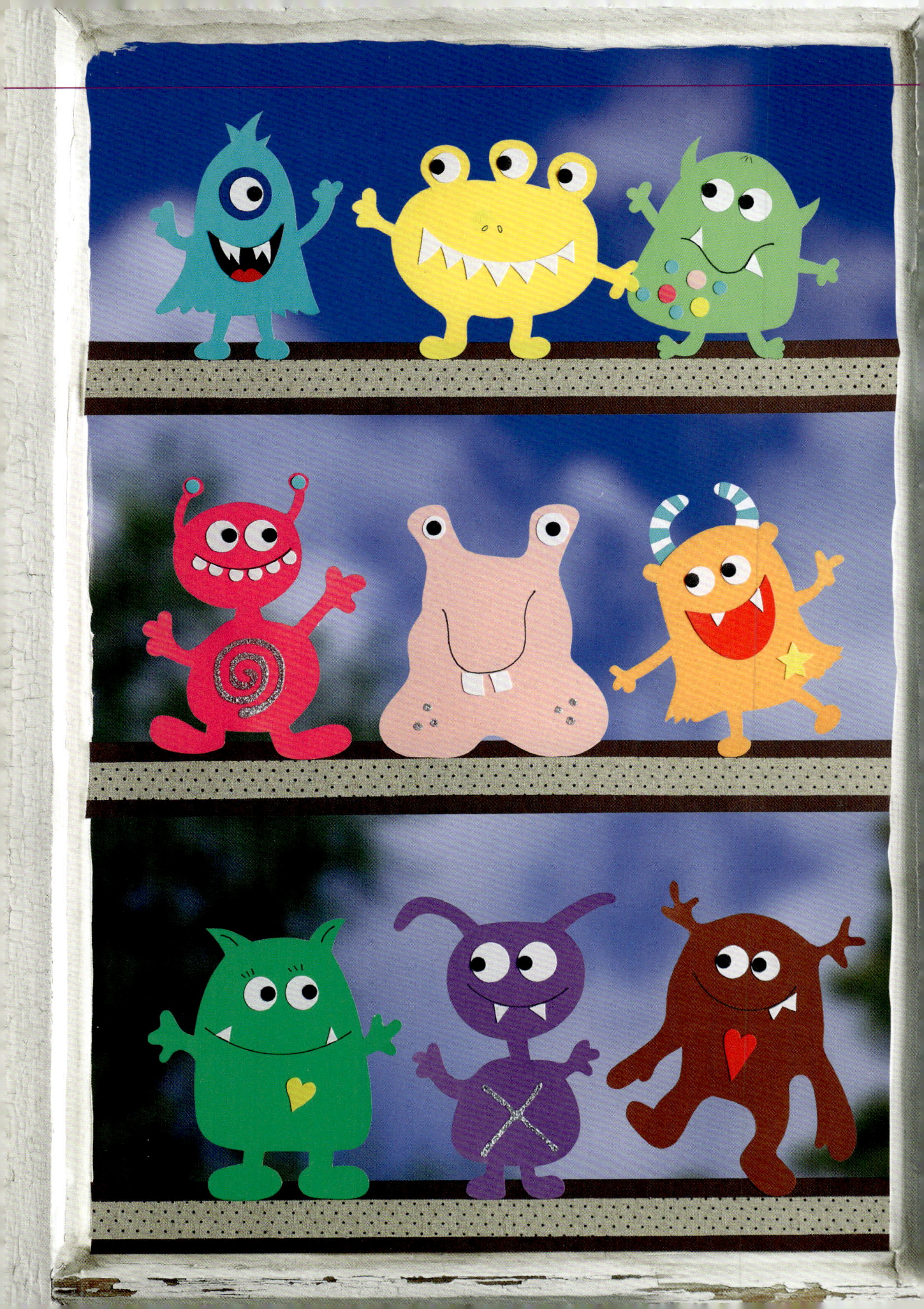

Monsterparty

fürs Kinderfenster an Halloween

MOTIVHÖHE
ca. 44 cm

MATERIAL
- Fotokarton in Dunkelbraun, A3
- Fotokartonreste in Weiß, Gelb, Rosa, Hellorange, Lila, Pink, Rot, Hell- und Dunkelgrün, Schwarz, Türkis, Hell- und Dunkelblau
- Bürolocher (alternativ Lochzange)
- Filzstift in Schwarz
- UHU Glitter Glue in Silber
- Fabric Tape in Hellbraun mit Punkten, 15 mm breit, 1,5 m lang

VORLAGE
Bogen 1A

1 Alle Motivteile vom Vorlagenbogen abpausen, auf den Fotokarton übertragen und ausschneiden. Drei Streifen in der Größe 34 cm x 3 cm mithilfe eines Cutters anfertigen. Mittig auf die Streifen das Fabric Tape kleben.

2 Obere Reihe: Das türkise Monster erhält ein dunkelblaues Auge; darauf ein weißes Auge und einen schwarzen Punkt kleben. Dann den schwarzen Mund mit den weißen Zähnen und der roten Zunge anfertigen und mittig platzieren. Das gelbe Monster erhält drei weiße Augen mit drei schwarzen Punkten und eine Zahnreihe. Dem grünen Monster die weißen Augen mit schwarzen Punkten aufkleben und den Mund aufmalen. Die weißen Zähne aus dem Mund herausschauen lassen und die bunten Punkte darunter verteilen. Alle drei Monster auf dem Streifen arrangieren.

3 Mittlere Reihe: Dem pinken Monster die Augen aufkleben und mit Filzstift einen Mund aufmalen. Die Zähne und Fühler aus gelochten Punkten fertigen. Die weißen Punkte oben etwas abschneiden und aus dem Mund herausschauen lassen. Das rosa Monster erhält unterschiedlich große Augen und einen aufgezeichneten Mund. Unter diesen die beiden Zähne kleben. Beim hellorangen Monster zuerst die weißen Hörner mit den hellblauen Streifen verzieren und diese dann hinter den Kopf kleben. Augen, Mund, Zähne und Stern platzieren. Alle drei Monster auf dem Streifen arrangieren.

4 Untere Reihe: Allen drei Monstern die weißen Augen mit den schwarzen Punkten aufkleben. Einen Mund aufzeichnen und die Zähne herausschauen lassen. Das dunkelgrüne Monster bekommt noch ein gelbes, das dunkelbraune Monster ein rotes Herz aufgeklebt. Alle drei Monster auf dem Streifen arrangieren.

5 Die drei Reihen untereinander oder nebeneinander am Fenster dekorieren. Mit silbernem UHU Glitter Glue dem pinken Monster eine Spirale, dem lila Monster ein Kreuz und dem rosa Monster je drei Punkte aufmalen. Alles gut trocknen lassen.

Mein Tipp für Sie

Variante So ein kleines Monster macht sich auch prima als Geschenkanhänger.

Nächtliches Treffen

Eulen im Gespräch

MOTIVHÖHE
ca. 69 cm

MATERIAL

- Fotokarton in Hell- und Dunkelbraun, A3
- Fotokartonreste in Weiß, Gelb, Hell- und Dunkelorange, Rosa, Pink, Hell- und Dunkelgrün, Mittelblau, Flieder, Schwarz, Hell- und Dunkellila
- Draht in Schwarz, 6 cm lang, ø 1 mm
- Filzstifte in Pink, Orange, Hellgrün, Hellblau, Lila und Schwarz
- Bürolocher (alternativ Lochzange)

VORLAGE
Bogen 4B

1 Alle Motivteile vom Vorlagenbogen abpausen und auf Fotokarton übertragen und ausschneiden.

2 Mit dem dunkelbraunen Baum beginnen. Die hellbraune Rinde auf den Stamm kleben. Dann die große Eule zusammensetzen. Dafür den orangen Bauch auf dem mittelblauen Körper befestigen, die weißen Flügel und gelben Füße rechts und links dahinter. Die gelben Augen und den dunkelorangen Schnabel arrangieren. Ausgelochte Punkte als Pupillen aufkleben. Die Eule auf den Ast kleben und die Blätter fixieren. Die Kreise mit den Blumen dekorieren.

3 Den hellbraunen Ast mit den Blättern und Blumen verzieren. Nun die kleine Eule zusammensetzen. Dafür den weißen Bauch auf den dunkellila Körper kleben und die helllila Flügel auf dem Bauch fixieren. Die gelben Füße hinter den Körper kleben. Den dunkelorangen Schnabel befestigen. Die gelben Augen mit ausgelochten Punkten versehen und oben über dem Schnabel anbringen.

4 Den Schmetterling basteln. Den pinken Kopf auf den rosa Körper kleben. Die gelben Flügel dahinter fixieren und mit dunkelgrünen Punkten schmücken. Den Draht halbieren, etwas rund biegen und hinter den Kopf kleben.

5 Blumen, Blätter, Bäuche und Augen mit Filzstiften verzieren. Die Sterne zusammenkleben und mit dem Mond um das Motiv arrangieren.

Mein Tipp für Sie

Variante Für ein schmales Fenster können Sie auch eine hübsche Eulengirlande basteln. Dafür je eine Eule und einen Blumenkreis abwechselnd auf ein Satinband kleben.

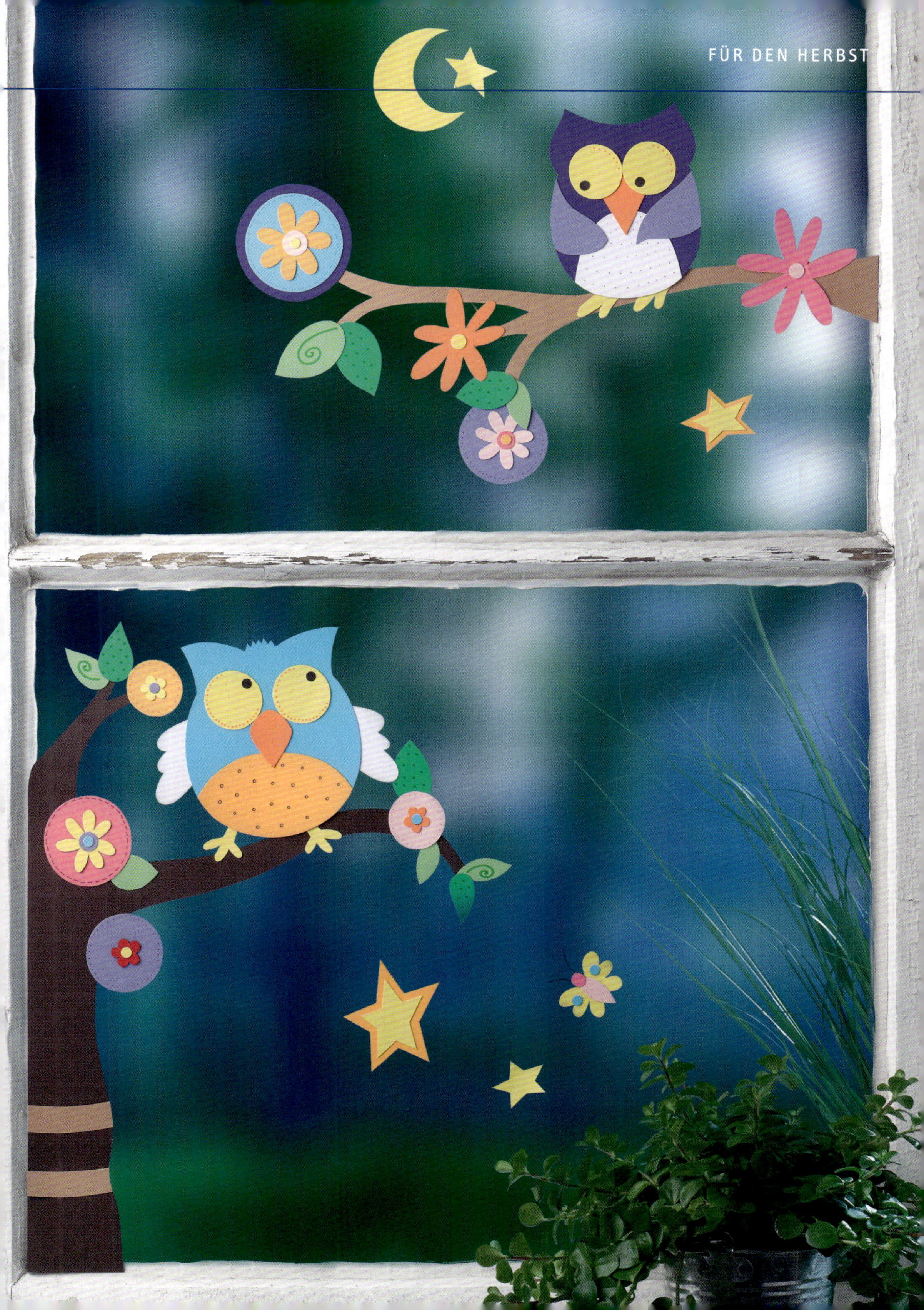

Lustige Schneemänner

im Schneegestöber

MOTIVHÖHE
ca. 55 cm

MATERIAL
- Fotokarton in Weiß und Hellblau, A3
- Fotokartonreste in Gelb, Hell- und Dunkelorange, Rot, Hell- und Dunkelgrün, Hellbraun, Schwarz, Türkis und Mittelblau
- Motivlocher Schneeflocke, ø 4 cm
- Fabric Tape in Hellblau kariert, 105 cm lang
- Filzstifte in Rot, Schwarz, Orange und Grün
- Buntstift in Orange
- Wattestäbchen
- Bürolocher (alternativ Lochzange)

VORLAGE
Bogen 2B

1 Alle Motivteile vom Vorlagenbogen abpausen und auf Fotokarton übertragen und ausschneiden. Aus dem hellblauen Fotokarton zuerst drei Streifen in der Größe von 34 cm x 4 cm mit einem Cutter zuschneiden. Das Fabric Tape auf dem Streifen platzieren.

2 Für alle Reihen gilt: Zuerst bekommt jeder Kopf seinen Hut. Die Hüte zusammensetzen und auf die Köpfe kleben. Nur den grünen Hut hinter dem Kopf fixieren und noch mit dem Vogel dekorieren. Nun werden die Nasen platziert.

3 Obere Reihe: Für den ersten Schneemann den grünen Schal hinter den Streifen kleben. Den Kopf auf dem Schal fixieren, dann die Hände ergänzen. Den zweiten Schneemannkörper hinter den Streifen kleben und dann mit dem gelben Schal verzieren. Den Kopf aufsetzen. Beim dritten Schneemann die Hände unten hinter dem Kopf platzieren und dann den Kopf auf den Körper kleben, sodass der Schneemann kopfsteht. Die Hände auf den Streifen setzen. Beim vierten Schneemann den Körper hinter dem Streifen befestigen. Hände und Kopf gemäß Vorlage fixieren.

4 Mittlere Reihe: Alle Schneemannkörper hinter dem Streifen platzieren und befestigen. Dann die Köpfe auf die Körper kleben; dabei beim dritten Schneemann das Halstuch dazwischen fixieren. Die Äste als Arme anbringen und den Stock befestigen. Mit einem Locher einige Knöpfe ausstanzen und mit den anderen Punkten auf die Schneemänner kleben. Den Schneehund zusammensetzen und daneben setzen.

5 Untere Reihe: Die Schals auf den Körpern fixieren. Dann die Köpfe auf die Schals kleben und den Knoten ergänzen. Die Arme hinter dem Körper befestigen und alle Schneemänner hinter dem Streifen arrangieren und festkleben. Nun die Füße ergänzen.

6 Zum Schluss jedem Schneemann ein Gesicht aufmalen. Für die Augen und Münder eine Kreisschablone nehmen. Die Wangen mit Buntstiftabrieb mit einem Wattestäbchen färben (siehe hintere Umschlagklappe).

7 Mit dem Motivlocher Schneeflocken aus weißem Fotokarton ausstanzen und damit das Fenster schmücken.

Mein Tipp für Sie

Variante Wenn Sie am oberen Ende eines länglichen Tonkartonstreifens einen Schneemann fixieren, haben Sie im Handumdrehen ein tolles Lesezeichen gezaubert.

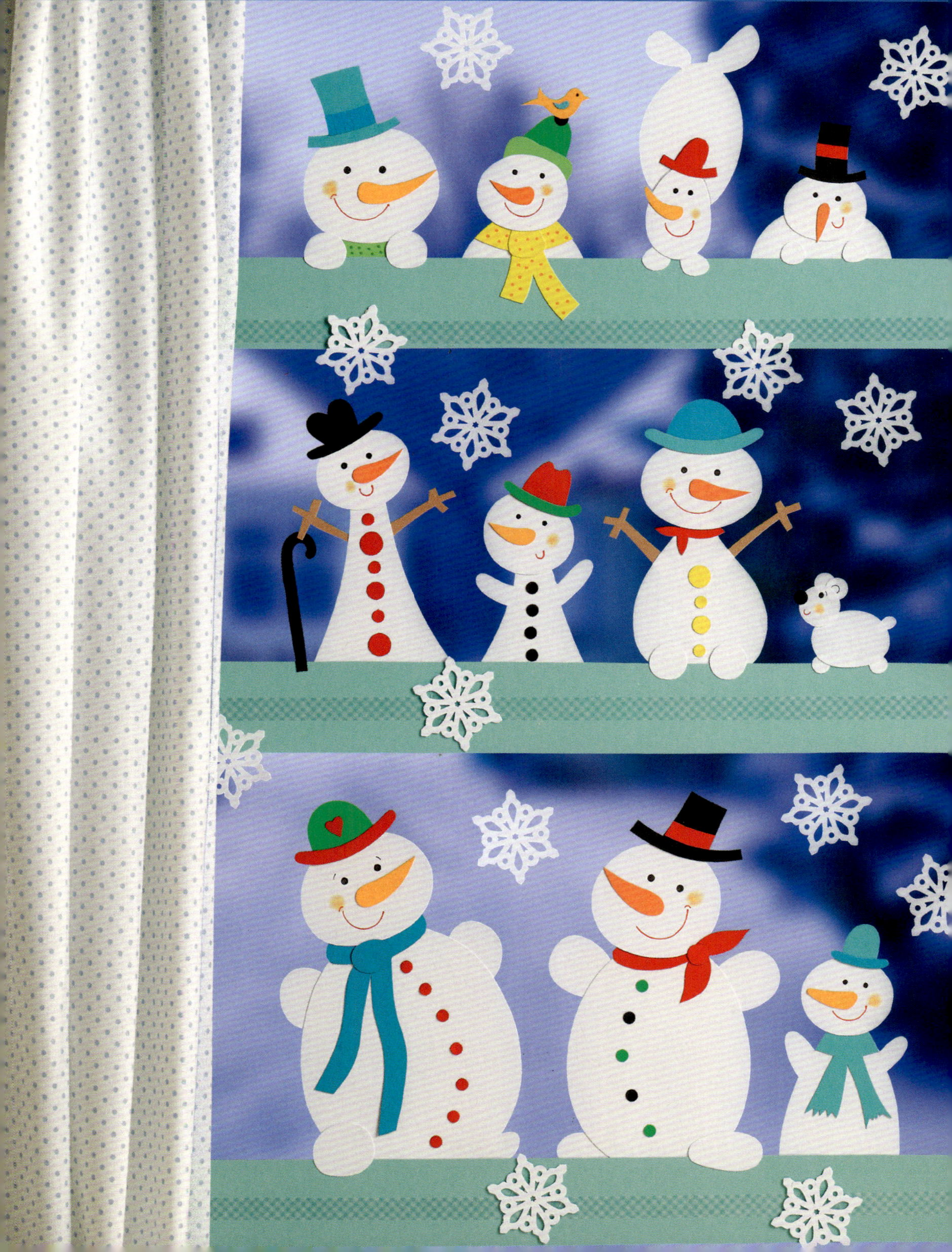

Weihnachtsmänner in Aktion

geschäftiges Treiben zur Weihnachtszeit

MOTIVHÖHE
ca. 31 cm

MATERIAL
- Fotokarton in Weiß, A3
- Fotokarton in Rot, Hellgrün und Grün, A4
- Fotokarton in Weiß und Hellbraun, A5
- Fotokartonreste in Gelb, Hautfarbe, Hellblau, Mittelblau, Hellorange, Orange, Lila, Grau, Hellgrau und Schwarz
- Satinband in Rot, 3 mm breit, 30 cm lang
- Buntstift in Rot
- Fineliner in Orange, Rot, Hellblau, Grün und Schwarz
- Papierkordel in Hellbraun, 16 cm lang
- Stern, 2 cm

VORLAGE
Bogen 3B

1 Alle Motivteile vom Vorlagenbogen abpausen, auf Fotokarton übertragen und ausschneiden. Den Schneeuntergrund anfertigen. Dafür einen Tonkartonstreifen in Weiß 64 cm x 8 cm wellig zuschneiden.

2 Den Weihnachtsmännern den weißen Saum ankleben, dahinter die schwarzen Schuhe. Die Arme mit weißem Saum und schwarzem Handschuh ankleben, dann den Bart fixieren und darauf das Gesicht setzen. Den Bommel ergänzen.

3 Für den linken Weihnachtsmann die Geschenke übereinander stapeln und auf dem roten Geschenk die Katze platzieren, den Schwanz von hinten ergänzen. Den Geschenkeberg hinter dem Bart fixieren und die zweite Hand hinzufügen. Die Sterne auf den Mantel kleben.

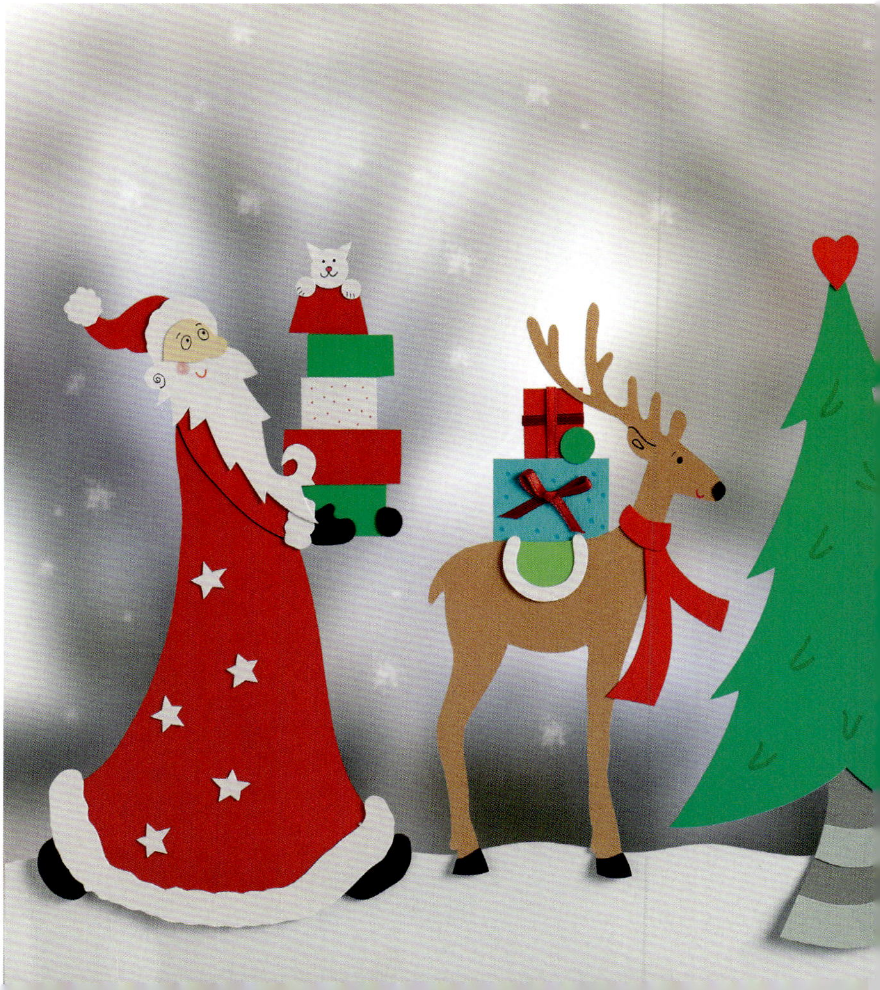

4 Die Schleife auf das große Geschenk setzen und es mit grünen Punkten verzieren, dann hinter dem zweiten Weihnachtsmann anbringen. Dem Vogel Schnabel und Flügel aufkleben und oben auf die Schleife setzen. Die Herzen ergänzen.

5 Dem Rentier Hufe, Schnauze und den Sattel mit Rand aufkleben. Zum Schluss den Schal ergänzen. Das rote Geschenk mit Satinband verzieren und eine Schleife binden. Das hellblaue Geschenk mit hellblauen Filzstiftpunkten verzieren und die Schleife darauf befestigen. Das rote Geschenk oben dahinter kleben. Die grüne Kugel ergänzen. Dann das hellblaue Geschenk hinter den Rücken kleben.

6 Für die Tannen die Baumstämme mit Streifen verzieren. Dann die Baumkrone auf den Stamm setzen. Die mittelgrüne Tanne mit einem Herzen schmücken und Tannennadeln aufzeichnen. Für die zweite Tanne kleine Weihnachtsbaumkugeln bunt gemischt aufkleben und oben einen Stern fixieren.

7 Dem Schneemann den Hut mit dem Flicken aufsetzen. Dann die Nase ergänzen. Den Körper zusammenkleben und oben den Schal fixieren, dann den Kopf aufkleben. Die Papierkordel halbieren und am Ende ca. einen Zentimeter zur Befestigung aufrollen, am anderen Ende die Handschuhe befestigen und hinter dem Schneemann fixieren. Auf dem grünen Geschenk das Satinband kreuzförmig anbringen und eine Schleife darauf setzen. Das Satinband hinter die Handschuhe kleben.

8 Die restlichen Verzierungen mit schwarzem Fineliner ergänzen und alle Figuren nebeneinander auf den Schnee kleben.

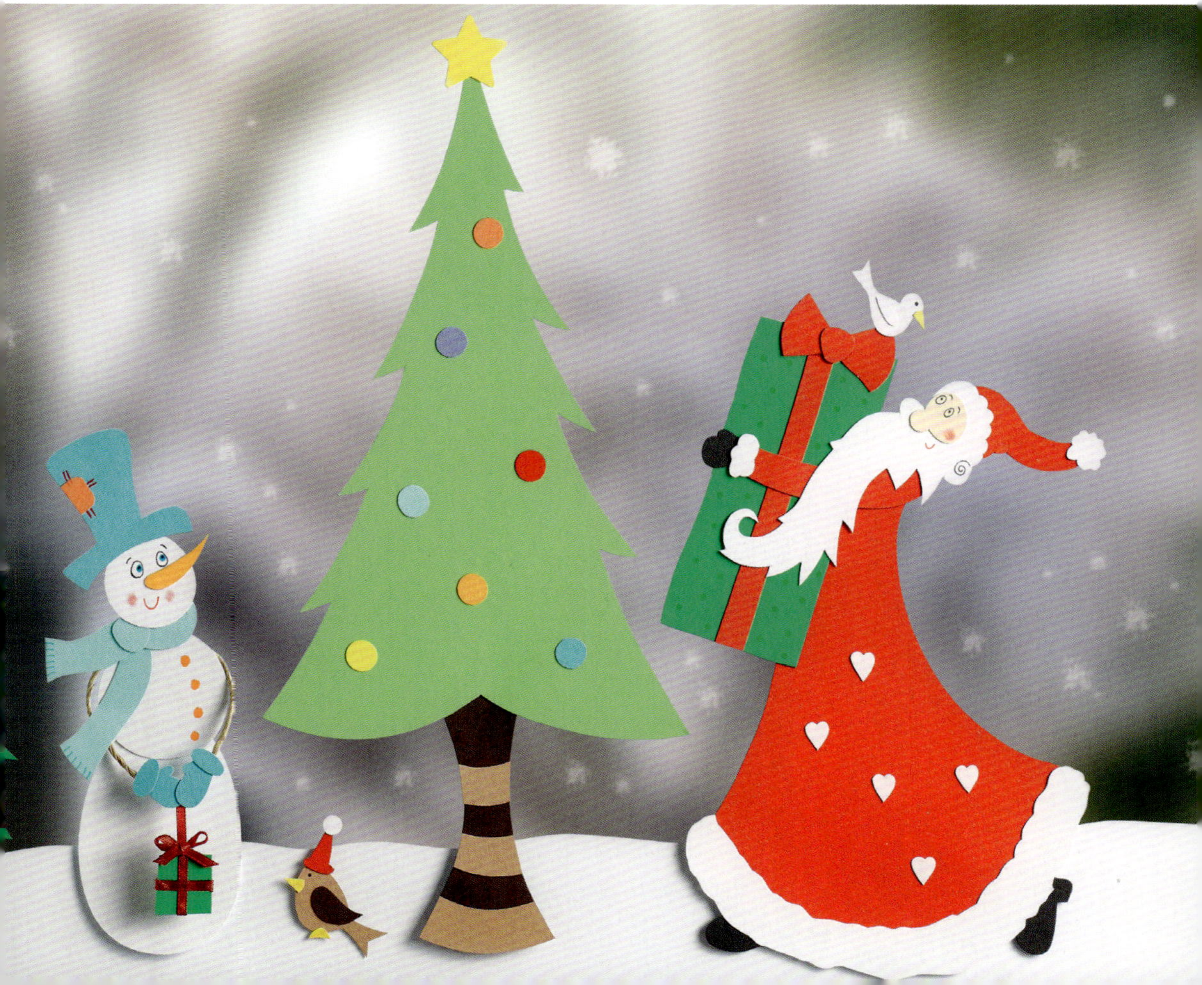

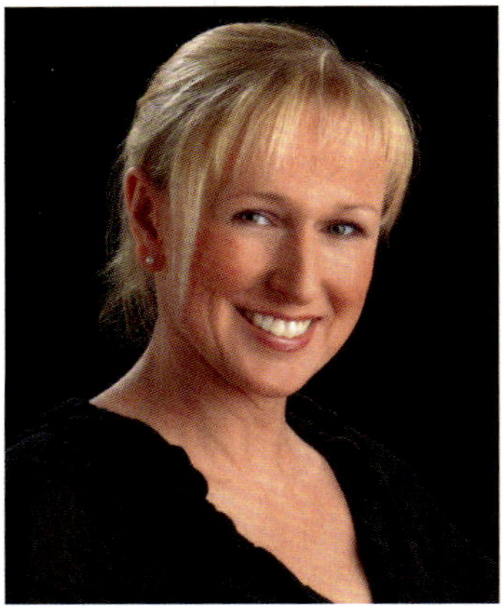

Anja Ritterhoff veröffentlicht seit 1996 Bücher zum kreativen Gestalten. Die gelernte Erzieherin lebt in Lübeck und hat zwei Kinder. Papier ist ihr Lieblingsmaterial, weil es so vielseitig ist. Sie liebt fröhliche Farben und in ihrer Freizeit malt sie plakative Bilder für Kleinkinder. In ihrer Heimatstadt Hamm hat sie viele Jahre lang in ihrem Atelier „Yellow Gallery“ Kunst- und Vorschulförderkurse für Kinder geleitet.
Auf ihrer Internetseite können Sie einen Blick in alle ihre Bücher werfen: www.ritterhoff.de
Anregungen, Kritik oder Fragen können Sie auch direkt an die Autorin richten: anja@ritterhoff.de

DANKE

Wir danken der Firma Rayher Hobby GmbH für die freundliche Unterstützung mit Materialien.

TOPP – Unsere Servicegarantie

WIR SIND FÜR SIE DA! Bei Fragen zu unserem umfangreichen Programm oder Anregungen freuen wir uns über Ihren Anruf oder Ihre Post. Loben Sie uns, aber scheuen Sie sich auch nicht, Ihre Kritik mitzuteilen – sie hilft uns, ständig besser zu werden.

Bei Fragen zu einzelnen Materialien oder Techniken wenden Sie sich bitte an unseren Kreativservice, Frau Erika Noll.
mail@kreativ-service.info
Telefon 07 11 / 123 757 20

Das Produktmanagement erreichen Sie unter:
pm@frechverlag.de
oder:
frechverlag
Produktmanagement
Dieselstr. 5
70839 Gerlingen
Telefon 07 11 / 8 30 86 68

LERNEN SIE UNS BESSER KENNEN! Fragen Sie Ihren Hobbyfach- oder Buchhändler nach unserem kostenlosen Magazin **Meine kreative Welt**. Darin entdecken Sie zweimal im Jahr die neuesten Kreativtrends und interessantesten Buchneuheiten.

Oder besuchen Sie uns im Internet! Unter **www.topp-kreativ.de** können Sie sich über unser umfangreiches Buchprogramm informieren, unsere Autoren kennenlernen sowie aktuelle Highlights und neue Kreativtechniken entdecken, kurz – die ganze Welt der Kreativität.

Kreativ immer up to date sind Sie mit unserem monatlichen **Newsletter** mit den aktuellsten News aus dem frechverlag, Gratis-Bastelanleitungen und attraktiven Gewinnspielen.

IMPRESSUM

FOTOS: frechverlag GmbH, 70499 Stuttgart; lichtpunkt, Michael Ruder, Stuttgart; Anja Ritterhoff (alle Arbeitsschrittfotos)
PRODUKTMANAGEMENT: Bianca Drotleff, Natalie Wollersheim
LEKTORAT: Natalie Wollersheim
GESTALTUNG: Atelier Schwab, Haselund
DRUCK: Tiskárna Grafico s.r.o., Tschechische Republik

9. Auflage 2022

ISBN 978-3-7724-4265-0 • Best.-Nr. 4265

MIX
Paper from responsible sources
FSC® C114952
FSC www.fsc.org

Penguin Random House Verlagsgruppe
FSC® N001967